ولدت هند الظنحاني في عام 1985هـ في إمارة الفجيرة لدولة الإمارات العربية المتحدة.

قامت هند الظنحاني بدراسة البكالوريوس في تخصص التمويل والمصارف.

وحصلت على درجة الماجستير من جامعة القاهرة في جمهورية مصر العربية في تخصص إدارة الأعمال.

واستكملَت دراستها في الدكتوراه في تخصص إدارة الأعمال وتقوم بالإعداد والعمل على رسالة الدكتوراة عن الذكاء الاصطناعي في جامعة القاهرة في جمهورية مصر العربية..

وحصلت على شهادة مدرّب معتمد دولي،

وحصلت على شهادة لايف كوتش معتمد،

وتطمح هند الظنحاني بالعمل في كتابة رواية بعد إصدارها لهذا الكتاب "أَبحِرْ معي".

الإهداء

أهدي هذا الكتاب إلى " أمّي" رحمة الله عليها.

أهدي هذا الكتاب لكل شخص تُلامس قلبه كل كلمة عبرت
عنها بصدقٍ في الكتاب.

أهدي هذا الكتاب إلى زوجي الغالي وابني قرَّة عيني.

أهدي هذا الكتاب إلى عائلتي من أخت وأخ حفظهما الله.
وإلى القلب الحنون "أبي"، أطال الله في عمره وحفظه.

هند الظنحاني

أَبْحِرْ مَعِي

AUSTIN MACAULEY PUBLISHERS

LONDON * CAMBRIDGE * NEW YORK * SHARJAH

فهرس محتويات

شهر أُغسطس شهر بيني وبينَه حاجزٌ، وأحتاجُ أن أكونَ قويَّة حتَّى أتجاوزَهُ بكُلِّ إيمانٍ ويقينٍ بالله تعالى بأنَّه معي بكُلِّ لحظةٍ..

في بداية اليوم، السَّاعة الرَّابعة فجرًا، لا أعلمُ ما الَّذي جعلَني أفتحُ عيني، لَم يكُنْ مُنبِّهًا، ولا صوتَ ابني أو زوجي – حفظهُما الله – لكنَّ عقلِي الباطنيّ هو مَن أيقظَني بحكمةٍ من الله تعالى، شعرتُ وكأنَّ صوتًا قريبًا على قلبي قبّلَ أذني، صوتًا لَم أتحمَّل أن أسمعَهُ حتَّى غارَت عينيَّ بالدَّموع، ذكرتُ اللهَ وتماسكْتُ، كانَ الصّوتُ يناديني ويطلبُ منّي أن أكونَ قويَّةً من أجلِ نفسي ومن أجلِ ابني، وأغمضتُ عينيَّ لثوانٍ، وفجأةً لم أعُدْ أسمع أيَّ شيء..

هل كنتُ أحلمُ؟ هل فعلًا كنتُ أسمعُ؟ هل هذا حقيقيٌّ؟ وحاولتُ وبكُلِّ قوَّة، وكرَّرت هذه الكلماتِ على نفسي: "لا، هذا

ليسَ الواقع، لا.. هذا ليسَ الواقع"، وفتحْتُ عينيَّ وأخذتُ نفسًا طويلًا بشهيقٍ وزفيرٍ عدَّةَ مرَّاتٍ وأنا أستغفرُ ربِّي مرارًا وتكرارًا..

جلستُ ووضعتُ يدي على قلبي، وأغمضتُ عينيَّ وقلتُ: "الحمدُ الله على ما مضى، وعلى ما حصلَ، يا حبيبتي، من كُلِّ قلبي أتمنَّى أن تعلمي أنَّكِ ستبقين في القَلبِ والبالِ، ويبقى اسمُكِ في كُلِّ دعاءٍ، رحمكِ اللهُ يا أغلى ما فقدْتُ، وأحنّ قلب لن يتكرَّرَ، يا جنَّتي، يا أُمِّي.

وقرَّرتُ أن أواجِهَ هذه المشاعِرَ، ولِثقتي باللّه تعالى، وحتَّى لا أسمحَ للوسواس أن يكسرَني ويُشعرَني بالضَّعفِ ويُبعدَني عن هذه الأمورِ الَّتي تجعلُني مُتماسكةً، أدركْتُ أنِّي سأقوى حينَ أتحدَّى نفسي وأرجع لاحتوائها، ولملمةِ مشاعري، وأُصبحُ أقوَى مثلما كنتِ تتمنّين يا "أُمّي".

نهضتُ ونويتُ أن أُصلّي ركعتين، وأمسكتُ المصحفَ وفتحتُ سورةَ "البقرة"؛ فعلًا لها مكانة خاصَّة في قلبي، تشعرُ بأنَّ هذه السورة تحملُكَ لِتحاربَ ضعفَ المشاعرِ لديكَ، وتبدأ بتنظيفِ كُلِّ الأفكارِ السلبيَّة والمخاوف الَّتي تواجهها، فعلًا القرآن مَصدرُ شفاءٍ، وللّه الحمد..

انتهيتُ من الصَّلاةِ وأخذتُ القلمَ ودفترَ يومياتِّي، ونويتُ من كُلِّ قلبي أن أكتبَ كُلَّ المشاعرِ والرَّسائل على الورقِ، وأنشرها

لكُلِّ شخصٍ يشعرُ بالضَّعفِ والضَّياعِ، ويحتاج هذه الكلمات البسيطة في تركيبها، والقويَّة في أهدافها؛ لأشارككم كتاب: "أبْحِرْ معي".

"لِنتَّفِقْ يا قارِئَ سطوري"

الكاتِبُ: هل ممكنٌ أن نتَّفقَ قبلَ أن تقرأ؟

القارِئ: نعم، ممكن.

الكاتِب: دعْنا نتَّفقُ بأنَّ الحياةَ الَّتي نعيشها أنا وأنتَ هي عبارةٌ عن وجهةِ نظرٍ، وكُلَّ مَرحلةٍ من مراحلِ حياتِنا تظهرُ لنا وجهةُ نظرٍ مُختلفة تأتي أمام السَّابقة، وكُلُّ شيء تقرؤهُ بسطوري هو عبارةٌ عن وجهةِ نظرٍ غير مُرتبطة ومُتعلِّقة بالصَّحِ والخطأ؛ فأنتَ مَن يقرأ، ولكَ حريَّة القَرار بما تأخذهُ مني لتَستفيدَ منهُ، وبما تُقرِّر بألَّا تتَّفقَ بهِ معي؛ لِذا دعْنا نستمتع بهذهِ السُّطور الَّتي أتمنَّى أن تلامِسَ قلبَك..

القارِئ: أتَّفقُ معكَ.

الكاتِب: أتمنَّى لكَ قِراءةً مُمتِعةً ومُفيدةً مع "أبْحِر معي"، وأتمنَّى أن تحملَ هذه السُّطورَ معكَ أينَما كنتَ وتقرأَها معَ فنجانِ القَهوةِ المُفضَّل لديكَ.

مَن لا يرغَبُ بالنَّجاح

لا تُقارِنْ نفسَكَ بالآخرين..

قارِنْ نفسَكَ بنفسِكَ، وفكِّرْ:

كيفَ كنتَ منذُ سنواتٍ مضَتْ مَن حياتكَ؟

قارِنْ أفكارَكَ الحاليَّة مع أفكارك السَّابقة..

كيفَ تغيَّرَتْ مُعتقداتُكَ وأفكارُكَ ونظرتُكَ للأمور الَّتي تمرُّ في حياتِكَ؟

كيفَ تطوَّرتَ وزادَ الوعي لديكَ؟!

كيفَ أصبحتَ أقوى؟ وكيفَ أصبحتَ قريبًا مِن نفسكَ؟

هنا النّجاحُ الحقيقيّ والصِّحيّ لكَ..

أن تُقارنَ نفسكَ بنفسك، وتكتشفَ وتتعرَّفَ على هذا الجمالِ في التَّغيير..

التقبُّل

التقبُّل شيءٌ رائعٌ، وليسَ بضعفٍ!

بل عليكَ أن تتوقَّفَ عن مقاومةِ ما ترفضُه في عالمِكَ، وتتقبَّلَ كُلَّ الاحداثِ الَّتي تمرُّ فيها..

عليكَ أن تفهمَ أنَّ التقبُّلَ هو حالةٌ من السّكونِ والسَّلامِ الدَّاخليّ، هو الشّعور الَّذي يصلُ بكَ إلى أعلَى درجاتِ الرِّضا؛ لذا احذَرْ وأنتَ تُكافِحُ وتحاربُ الشّعورَ بالتقبُّلِ؛ لأنَّكَ تُرسِلُ طاقةً قويَّة للموقفِ الَّذي تواجهُه، وهذهِ الطَّاقة سلبيّة على مشاعركَ.

نعم، العالَم يتغيَّرُ والوقتُ لا ينتظرُ أحدًا

العالَمُ يتغيَّرُ الآن بسرعُة، والتغيير هو سنَّةٌ من سنَنِ الحياةِ..

نحبُّ أحيانًا أن نبقى في دائرةِ الرَّاحةِ دون أيِّ تغييرٍ.. يتركَّزُ السرُّ وراءَ التَّغيير والعملِ عليهِ في طاقتِكَ..

اسمَحْ لنفسِكَ بالتَّغيير والابتعاد عن المُقاومةِ، واسمَحْ لنفسِكَ بالقبول والسَّلام في عالمِكَ.

التَّحرُّر جميلٌ

تحرَّرْ من قصَّتكَ القديمة؛ لأنَّها الأحداثُ الَّتي حدثَت لكَ في الماضي، وما زِلْتَ تضعهَا أمامَك كعائقٍ كبير يمنعكَ من التقدُّم في هذه الحياةِ الواسعةِ..

عليكَ أن تسالَ نفسكَ:

كيفَ ستكونُ حياتِي وأنا الأقوَى في كُلِّ لحظةٍ ولستُ ضحية؟

عليكَ أن تخلقَ إمكانيَّاتٍ جديدةً في حياتِكَ بالسَّلامِ والقبول والحُبِّ..

النَّسيانُ هو الحلُّ من أجلِ التحرُّرِ.

الرّوح تستحقُّ أن تعطيَها مِن وقتِكَ

أنتَ تبقَى مشغولًا معظمَ الوقتِ، بسببِ روتينكَ اليوميّ المُلتزِم بالعَملِ، ومعظم الأوقاتِ بالزّيارات، ومُتابعة مَواقع التواصُلِ الاجتماعيّ.. والعديد من المشاغِل الَّتي تمرُّ بها خلالَ اليوم، لكن الآن توقَّفْ عن خَلقِ الأعذارِ، وابدَأ الآنَ بخَلقِ فرصتكَ، وتحدِّي نفسكَ مع نفسكَ..

وتذكَّر دائمًا أنَّ العالَم الخارجيَّ مِن حولكَ هو انعكاسٌ كُليّ لما يجري بداخلكَ..

كُنْ واثِقًا مِن أنَّ حياتكَ تستحقُّ أن تعيشَها بكُلِّ حُبٍّ وانسجام.

سلِّمْ جميعَ أُمورِكَ لله

عندَما تصلُ إلى مرحلة الشّعور باليأسِ..

هنا عليكَ أن تُسلِّمَ أمركَ لله، وتضعَ ثقتكَ بالله..

كُنْ على يقينٍ وثقةٍ بأنَّهُ لا يوجدُ شيء صعبٌ على خالِق الكونِ، ولا يوجد شيءٌ مُستحيلٌ بالنِّسبةِ له.

كُنْ دائمًا في سلامٍ وطمأنينة.. لأنَّ القادِمَ أجملُ!

وَعشْ حياتَكَ بالفرحِ والحُبّ..

وتأكَّد أنَّ اللهَ فوقَ توقُّعاتِ البشرِ.

كُنْ جريئًا وتحمَّلْ واختَرْ

عليكَ أن تتحمَّلَ المسؤوليَّة عن كُلّ قراراتكَ، وعن كُلّ ما
يدورُ في حياتِكَ وعالمكَ..
أنتَ وحدكَ المسؤولُ عن التَّغييرِ، وإحداثِ هذا الاختلاف..
كُنْ في عالَمِ فنِّ الاحتمالاتِ..
فقَط اطرَحِ السّؤالَ، ولا تنتظِرْ أيَّ إجابةٍ:
ما هي الفرصُ المُتاحة في حياتي؟
ما هو الاحتمالُ الأفضلُ لي؟
واسمَح للإجابةِ بأن تسطَعَ في عالمكَ بكُلّ سهولةٍ ويُسر.

الظُّلم

أنصحُكَ يا قارئَ سطوري، بأن تتحرَّرَ من شعورك بالظّلمِ الدَّائمِ..

رغم شعورك بأنَّ الَّذين ظلموكَ مُستمرّين بفعل ذلكَ..

كُلّ ما عليكَ فعلهُ هو تحرير نفسِك من هذا الخوفِ والبُعدِ والتوقُّع بأنَّ القادِمَ أسوأُ.. والبدء في تحديدِ هدفٍ ومسارٍ جديدٍ.. البدء بالدّفاعِ عن النّفسِ، وتطويرِ الذّاتِ، ورسم خطٍّ جديدٍ لنفسكَ.

عليكَ أن تغيّرَ نفسكَ، واعلَمْ بأنَّ اللهَ سيُغيّرُ كُلَّ شيءٍ لكَ.

عالَمُ النَّوايَا

أحيانًا يا قارئَ سطوري، نطلقُ النّوايا في حياتِنا لهدفٍ ما نطمحُ إليهِ، ونُفكِّرُ به دائمًا، ونبدأُ بالحوارِ مع أنفسِنا: متى ستتحقَّقُ النيّةُ الَّتي أطلقتُها، والَّتي أتمنَّى حصولها؟

وما هي العواملُ والشّروط حتَّى تتحقَّقَ هذه النيّة؟

ثمَّ نبدأ بالبحثِ لمعرفةِ هذه العواملِ، ومن أهمِّها: صدق النيَّة، وصفاء الرّوح، ونقاء القلبِ..

لكن مهمَا فعلتَ وبحثْتَ وانتظرْتَ أيُّها القارِئ، فعليكَ أن تعرفَ جيّدًا أنَّ وقتَ حدوثِ هذهِ النيَّةِ الَّتي أطلقْتَها من قلبكَ مُرتبطةٌ بإرادةِ اللهِ فقط، فهو مَن سيختارُ لكَ الزّمانَ والمكانَ والحدثَ الَّذي يُناسِبُ مسارَ حياتِكَ؛ فهو المدير لجميع أمور حياتنا.

في الوقتِ المُناسِب سيُدبّرُ اللهُ لكَ الأمر بطريقةٍ لا يُمكنُ أن تتخيَّلَها، ولكن كُلّ ما هو عليكَ، أن تُوكِّلَ أمرَكَ للهِ، وأن تُحسِنَ الظنَّ بهِ.

أبوابُ الأرزاقِ

تعلَّم أيُّها القارِئ، بأنَّ بابَ الرّزقِ يختلفُ مِن شخصٍ إلى أخر، وكُلُّ واحِد مِنَّا لديهِ بابُ رزقٍ مُختلِف، وفي كُلِّ بابٍ تُوجَدُ وفرةٌ جميلةٌ وهائِلةٌ ومُثمِرة، مثل الوفرة في الرّزقِ.. الوفرة في العِلم.. الوفرة في الأفكارِ.. الوفرة في الصِحَّة.. الوفرة في المال..

يا قارِئ سطوري، عليكَ أن تكتشِفَ ما هو بابُ رزقِكَ؟

عليكَ أن تسيرَ على طريقةِ فنِّ الاحتمالاتِ، وتسأل السّؤالَ دونَ أن تنتظرَ الإجابةَ.

كُنْ واعيًا.. فالإشاراتُ والعلاماتُ على سؤالكَ ستأتي إليكَ أنتَ؛ فاعملْ على صُنع فكرتكَ، لِتصلَ إلى الوعي ومعرفَةِ باب رزقِكَ..

اسأَلْ نفسَكَ، وانسَ الإجابةَ:

ما هي الفكرةُ الَّتي تُغيِّرُ حياتي للأفضلِ؟

جَرِّبْ هذه الطَّريقةَ، ولِمَ لا؟!

قرارُكَ

حتَّى تعيشَ مُرتاحَ البالِ يا قارئَ سطوري، أنصحُكَ بألَّا تُورِّطَ نفسَكَ بالوقوعِ والجنونِ لِترضيَ الآخرين..

اعلَمْ جيّدًا بأنَّ السَّعادةَ هي قرارٌ؛ فكُنْ أنتَ صاحِبَ قرارِكَ، لأنَّها حياتُكَ، فالحياةُ قصيرةٌ جدًا، لا تستحقّ أن تعيشَها حتَّى نرضيَ الآخرين..

هذه رسالِتي إليكَ كي توسع مدارَ فكرِكَ وفهمِكَ..

لِتبدأ الحريَّة من الدَّاخِل، بالفكِر والقَرار.

السَّلامُ والهدوء

أن تتنازلَ عن أمورِكَ للهِ، يعني أن تعرفَ على وجهِ اليقين أنَّ كُلَّ ما ينسِّقَهُ اللهُ مِن أجلِكَ هو خيرٌ وجميلٌ..

لا تتمسَّكْ وتتعلَّقْ بالهدفِ.. فتتعَب عندَما لا يتحقَّقُ.. بل عِشْ إحساسًا بالسّلامِ والهدوءِ واليقينِ في اللهِ.

اسْأَلْ ولا تُفِكّرْ بالإجابَة

هل شعرتَ في بعضِ اللَّحظاتِ باليأسِ؟

وهل راودَكَ شعورُ الإحباطِ؟

أعلَمُ أنَّهُ أصعبُ شيءٍ هو ألّا نفهمَ أنفسَنا..

ألّا نعرفَ مَصدرَ سعادتِنا!

هل تعلَمُ أنَّ خطوتَكَ الأولى للتَّغيير والانطلاقِ هي إدراكُكَ

بأنَّكَ حقًّا بحاجةٍ إلى هذا التَّغييرِ؟

فحاوِرْ نفسَكَ وأسألْهَا:

كيفَ أستطيعُ أن أخرجَ إلى واقعٍ أجمل؟

كيفَ ستكونُ حياتي أفضل؟

كيفَ أستطيعُ جذبَ ما أتمنَّاهُ؟

كيفَ أستمتَّعُ باللَّحظاتِ الَّتي أعيشُها؟

يجبُ عليكَ أن تفهمَ ذاتَكَ ومَشاعركَ، حتَّى تعيشَ واقعًا أجمل.

شعورُكَ

البعضُ يمرُّ بمشاعرِ الحُزنِ، والبُكاء، والهلع، والخوف، والذكريات، التعلّق، وعدم القُدرة على المُضيّ إلى الأمامِ، ولوم الآخرين..

هذه المشاعرُ تُرهقُكَ، وأيضًا تسلبُ سعادتَكَ..

إنَّكَ تجذبُ أكثرَ ممَّا تشعرُ بهِ، فاعلَمْ أنَّكَ تستحقُّ أن تُوقِفَ هذه المعاناةَ، لِتتمكَّنَ أن تخرجَ من هذهِ الدَّائرة الَّتي تحبسُ نفسَكَ فيها، وتواجهَ ما تخافُ منهُ..

لِتَكُن أقوى.. سيطرْ على أفكارِكَ ومَشاعرِكَ؛ فأنتَ القَائد على نفسِكَ.

لِتتوكَّلْ على اللهِ، ولتُحسِن الظنَّ بهِ.. وابدأْ بالبحثِ عن الحلولِ والتَّغير..

لا يكون ذلكَ بإعادةِ التَّفكيرِ المُرهِق بالمُشكلةِ..

نصيحتي: انتبِهْ علَى نفسِكَ؛ فهي لها حقٌّ عليكَ.

فكَّ التعلُّقَ وعِشْ حَياتكَ

تعلمُ أيُّها القارئ، أنَّ التعلُّقَ بالأشخاص أمرٌ صعبٌ جدًا؛ حيثُ إنَّه يقودُكَ إلى العُزلَةِ والعيشِ بحالَةِ خوفٍ وتوتُّرٍ دائمٍ مِن الفقدانِ.. تصبحُ غيرَ مُتزنٍ بمَشاعرِكَ ورغباتِكَ: تارةً تشعرُ بسعادةٍ، وتارةً تشعرُ بخوفٍ، وتارةً تقلقُ، وتارةً تستمتعُ، وتارةً تشعرُ أنَّكَ مُتعَبٌ..

حتَّى تصلَ إلى مَرحلةِ المشاعرِ غير المرتَّبةِ، وتنسَى كُلَّ ما ترغبُ بِهِ أنتَ؛ حيثُ تتوهَّمُ بأنَّ السعادةَ فقط مع هذا الشَّخصِ، وأنَّ الحياةَ تقفُ مِن بعدِهِ..

إذا شعرتَ بهذهِ المشاعرِ، فعليكَ أن تُعالِج الأمرَ..

ابدأ بالبحثِ عن الأمورِ الَّتي تجعلُكَ مُبتهِجًا من دونِ هذا الشَّخصِ..

عليكَ أن تُجرِّبَ عدَّةَ مرَّاتٍ.. وأن تلتزمَ بالأمرِ.. وعليكَ أوَّلًا التوكُّل على اللهِ بكُلِّ ما تقوم بِهِ، وأنا على ثقةٍ بأنَّكَ ستتجاوزُ هذه المسالةَ بعدَ فترةٍ من الالتزامِ.

أنتَ تستطيعُ

هل صادفتَ يا أيُّها القارئُ، أشخاصًا من حولكَ سريعِي التأثُّرِ بكلماتِ الآخرين، ويصلون إلى درجةِ التَّصديقِ؟

بسببِ هذه الكلماتِ قَد يصلون إلى مرحلةِ عدم الثِّقةِ بمَن هم حولهم، ولا حتَّى بأنفسِهم، ودائِمًا يتهرَّبون من أهدافِهم وطموحِهم، ويتوهَّمون بأنَّ النَّاسَ لا يحبّونهم، وأنَّهم ضعفاءُ، وحظُّهم دائِمًا سيِّئ.

عليكَ أن تلتفِتَ إليهم، وتمدَّ يدَ العونِ لهم..

عليكَ أن تحتويهم ليتوقَّفوا عن إصدار هذه الأحكامِ بحقّ أنفسِهم..

انصحْهم بأن يستبدلُوا هذه الكلماتِ بكلماتٍ عكس ما يظنّون.. وأن يلتزموا بتكرارِ هذه الكلماتِ على أنفسِهم؛ حتَّى يبرمجَها عقلُهم ويصبح واقعُهم أجمل، ونظرتِهم للحياة مُختلفة..

وأيضًا انصحْهُم بأن يجرِّبوا هذهِ الكلماتِ البسيطةِ والمُفيدة.. مثلًا:

أنا أستطيعُ أن أنجحَ، أنا قادِرٌ أن أكونَ مُميّزًا، أنا واثقٌ من نفسي، أنا كُلُّ شيء أتمنّاهُ سيحدثُ بثقتي باللهِ..

اجعلْهم يُكرّرون هذهِ التَّوكيداتِ على أنفسِهم؛ حتمًا سيجدون فرقًا كبيرًا معهم.

أفكارُكَ

تعلمُ يا أيُّها القارِئُ، أنَّ هناكَ بعضَ الأشخاصِ الَّذين تتحكَّمُ بهم أفكارُهم، وتأخذُهم إلى عالَمٍ آخر مليء بالسلبيَّةِ، والسَّماح للشَّيطانِ بزرعِ الأفكارِ غير الصَّحيحةِ، والوهمِ بالأمور الَّتي ستحصل.. وبالتَّالي يفقدون جمالَ كُلِّ اللَّحظات الَّتي هم يستحقّونها!

إنَّها تجعلُ عقلَك يبرمجُ لكَ أحداثًا تظنُّ أنَّها ستحدثُ، ثمَّ تصلُ لمرحلة أنَّ أفكارَكَ تبرمجُ عقللكَ، وبأنَّكَ ستمرُّ بأيّامٍ سوداءَ.. وهنا تبدأُ دوَّامةُ القلقِ.

في الواقع إنَّ كُلَّ ما تعيشهُ هو بسببِ طريقةِ تفكيرِكَ وسيطرتها على عقلِكَ؛ لذا أنصحُكَ يا مَن تمرّ بهذهِ المشاعِر، عليكَ أن تعلمَ بأنَّكَ أنتَ الشَّخصُ الوحيدُ بعدَ توكُّلِكَ على اللهِ تعالَى القادِر على أن تُغيِّرَ مِن نفسِكَ، وقادِر على أن تحبَّ نفسكَ وتغارَ عليها..

وكي لا تعيشَ هذا الوضعَ عليكَ أن تحبَّ الحياةَ.. وأن تكونَ شخصًا إيجابيًا لما هو قادِم غدًا، وهذا يحصلُ بعدَّةِ طُرقٍ، منها وأهمّها:

تقرُّبكَ لله، وكتابة أهدافكَ، وتعرُّفك على أصدقاء جُدد لديهم صفات جميلة..

طوِّر من نفسِكَ مِن نواحٍ تشعرُ بأنَّك تحتاجُ أن تنمّيها.. اقرأْ.. وتابِعْ.. واكتبْ.. مارِسِ الرِّياضةَ، واختَرْ لكَ يومًا ترفيهيًا..

هناك الكثير من الأمورِ صدّقْني ستُغيّرُ مَجرى حياتِكَ.. فقط أنتَ أعطِ نفسَك فرصةً، ولا تتردَّد..

قُل: "الحمدُ لله"..

أنا وأنتَ نعلمُ يا أيُّها القارئُ، بأنَّ المستشفياتَ في العالَمِ مُزدحمة بالمرضَى؛ لذا احمدِ اللهَ بأنَّكَ لستَ بينَهم..

وتلك الأماكِن الَّتي أودعْنا فيها مَن أحببناهم ولن نراهُم مرَّةً أُخرى؛ ما أصعبَ هذا المكانَ، المسمَّى "المقابر"!

فقُل: الحمدُ للهِ بأنَّ اللهَ منحَك فرصةً جديدةً في حياتكَ لِتعوِّضَ ما يجب عليكَ فعلهُ، وحتَّى تتقرَّبَ إلى الله تعالى، وتزيد مِن شُكرهِ على نِعمهِ، وتعيش في الحياةِ مُستمتعًا بجمالها..

ما أجملَ أن نذكرَ نِعمَ اللهِ ونشكرَهُ عليها مِن أبسطِها، إلى أعظمِها!

إحساسُ التوازُنِ في حياتِكَ

متى تستطيع أن تشعرَ بأنَّكَ في مَرحلةِ الاتِّزان؟

هذا الإحساسُ لا يأتي إلَّا بعدَ عقباتٍ تمرُّ بها في حياتكَ، لِيضعَكَ من جديدٍ على الطَّريقِ السَّليمِ..

وكم مِن الأشخاصِ الَّذين واجهُوا الكثيرَ مِن الصِّعابِ ومِن الصَّدماتِ! مثل: خبر يفجعهُ في وفاةِ أقربِ النَّاسِ لهُ، أو خبر يُحزنُه لخيانةِ أحبِّ النَّاسِ إلى قلبِه..

تختلِفُ الصَّدماتُ بينَ شخصٍ وآخر.. كَما تختلف ردودُ الأفعالِ..

يشعرُ الشَّخصُ بهذا الإحساسُ من الاتِّزانِ بسبب الصَّدمةِ الَّتي مرَّ بها؛ فيتحدَّى نفسَهُ، ويبدأُ برسمِ خطٍّ واضحٍ لهُ في مسارِ حياتِه، ويبدأُ بفهمِ نفسِه بشكلٍ مُختلفٍ، ويشعرُ بالرِّضا على ما حصلَ.

إنَّه لن يستسلمَ، وسيتوكَّلُ على اللهِ الَّذي بيدِه كُلّ زمامِ الأمورِ.

ليسَ شرطًا أن يصبح الجميعُ أنتَ

الكثيرون من الأشخاصِ الَّذين حولنا لديهم ما يكفي من الـهُمومِ، وكبت للمشاعِر، ومحاولة الـهروبَ مِن الواقعِ..

كسرُوا خاطرَ أنفسِهم حتَّى يحاولوا إرضاءَ مَن حولهم! مع عدمِ قُدرتِهم على النطقِ بعبارة: "لا، يكفي إلى هُنا، لن أكمِلَ ما يتعبَ قلبي..

أنا مُتأكّدةٌ بأنَّ الطَّرف الَّذي يرغبُ بأن يصبحَ الجميعُ هو؛ بأفكارِه وأسلوبِه وحياتِه، يقرأُ الآنَ سطوري، فنحنُ أمامَ صنفين:

الصنفُ الَّذي يتحمَّلُ لغيره، وهو الـمُضحّي، والصنفُ الَّذي يرغبُ بأن يكونَ الجميعُ "هو"..

هذا هو ما يُسبّبُ الـمسافة والبُعد والخِلاف بينَنا!

عليك يا أيّها الصنفُ الأوَّلُ أن تُرتّبَ نفسَكَ من أفكارٍ وأولويَّاتٍ، ومعرفة ذاتِكَ..

حاورْ ذاتَكَ، واغمرْها بالحُبِّ.. وأحسِنِ الظنَّ باللهِ؛ فسترى العوضَ الجميلَ منهُ..

كُنْ قويًّا، وقُلِ: لا، وكُنْ واضِحًا، وقُلْ رأيكَ؛ فأنتَ على حقٍّ في حال أنَّكَ لن تضرَّ مَن حولكَ بقراراتِكَ..

مَن يحبّكَ يتمنَّى أن يراكَ سعيدًا، فلا تقسُ على نفسِكَ.

طاقَة الامتنانِ والمُبارَكةِ

البعضُ من الأشخاصِ الَّذين يتواجدون حولَنا، لرُبَّما بكثرة، نرى أنَّهم يدخلون دوَّامَة التحسُّرِ في حالِ مُشاهدتِهم لشيء هم راغبين فيه لكن لَم يحصلوا عليهِ؛ لِحكمة من اللهِ تعالى، ويظنّون أنَّهُ من الصعبِ حدوثهُ..

أنا جرَّبتُ هذا الشُّعور، وعشتُهُ أكثرَ مِن مرَّةٍ، لكِن بعدَما تعلَّمتُ طاقةَ الامتنانِ والمُباركة لمَن هم حولي بما لديهم، وتمنَّيتُ لهُم المزيدَ..

تشابكْتُ مع طاقتِهم بشعوري، بفرحتي لِما هُم عليهِ؛ وتغيَّرَت نظرتي وفكرتي لهذهِ المشاعِر.. ووصلتُ، وحصلتُ على أمور أرغبُ بها.

أنصحُكَ بأن تُجرِّبَ طريقةَ الامتنانِ والمُبارَكةِ لكُلّ ما هو حولكَ؛ فأنتَ المُستفيدُ الأوَّلُ.

الجَانِبُ الرّوحانيُّ

عدَّة مرّاتٍ نرى أنفسَنا.. ونبحثُ عن حلولٍ وتسهيلاتٍ لبعضِ الأمورِ الَّتي نرغبُ بها..

نتلفَّتُ لمَن حولنا؛ لنطلبَ منهم العونَ والاستشارةَ.. لنطلبَ الفضفضةَ، وغيرَها من المشاعرِ المكبوتة..

ولكِن في آخرِ اليومِ نكتشفُ ونرى أنفسَنا بنفسِ الدَّائرة!

هل تعلمُ بأنَّ الحلَّ أبسطَ مِن أنَّكَ تُجالِس الآخرينَ لتبحثَ عن الحلول؟!

ما عليكَ إلَّا أن تختلي بنفسكَ، وترى الجانبَ الرّوحانيَّ منكَ، وتطلبَ من اللهِ تعالَى أن ينجيكَ، ويعطيكَ، ويعوِّضَكَ..

وبكُلِّ إيمانٍ ويقينٍ من داخلِكَ، بأنَّ اللهَ لن يتخلَّى عنكَ؛ لقولِه تعالَى:

﴿وَإِذَا سَأَلَكَ عِبَادِي عَنِّي فَإِنِّي قَرِيبٌ أُجِيبُ دَعْوَةَ الدَّاعِ إِذَا دَعَانِ فَلْيَسْتَجِيبُوا لِي وَلْيُؤْمِنُوا بِي لَعَلَّهُمْ يَرْشُدُونَ﴾.

[البقرة: 186]

أنتَ مُميَّزٌ

نعتقدُ في بعضِ الأحيانِ أنَّنا غيرُ مُميَّزين بشيءٍ ما، أو ليس لدينا شيءٌ ينظرُ لهُ مَن حولنا بأنَّنا مُميَّزون بهِ!

لماذا نُنقِصُ مِن أنفسنا؟

لماذا نجعلْ أنفسَنا تشعرُ بالفقرِ الذَّاتيّ؟

لا يوجدُ أيُّ شخصٍ غير مُميَّز؛ كُلّنا نتميَّز بشيءٍ مُختلفٍ، وقد يحسدُكَ النَّاسُ على هذه الميزةِ؛ لكنَّكَ غافِلٌ عنها للأسف!

لذا؛ ابحَثْ عَن ذاتِكَ، وعمَّا يُميُّزها..

امنحْ نفسَكَ الفرحةَ..

لِتفتحَ أبوابَ جمالِ هذه الميزة لِعالمِكِ، لرُبَّما فتحْتَ بها أبوابَ رزقِكَ..

لِمَ لا؟! فالكثيرُون مِمَّن حولَنا فتحُوا مجالًا لمعرفةِ ما يُميِّزهم، وخاضُوا الكثيرَ مِن العقباتِ حتَّى وصلُوا؛ لِذا تأكَّد أنَّكَ مُميَّزٌ.

الخاتِمةُ

شعورُ العدلِ جميلٌ ومُفرِحٌ؛ فلَا تبخلْ على نفسِكَ..

كُنْ عادِلًا ومُنصِفًا مع نفسِكَ قبلَ أن تحبَّ..

ابدأ بنفسِكَ، واغمرْهَا بالحُبِّ قبلَ أن تُداوِي جروحَ الآخرين..

ابدأ بنفسِكَ، واغمرْها بالاحتواءِ قبلَ أن تجبرَ خواطرَ الآخرين..

كُنْ حنونًا على نفسِكَ قبلَ أن تُفرِحَ الآخرين وتغمرهم بالسَّعادةِ..

ابدأ بنفسِكَ، وعلِّمْها حبَّ الحياةِ..

كُنْ مُحبًّا لنفسِكَ؛ فأنتَ تستحقُّ الأجملَ دائمًا.

(تمَّ بحمدِ الله)

AF349015